Svenja Ernsten | Jana Walczyk

Mein Vogelbuch

Mit unseren Vögeln durch das Jahr

KOSMOS

Das kostenlose Extra:
Mit der Kosmos Plus App ganz
einfach alle Vogelstimmen anhören.

KOSMOS PLUS

Und so geht's:

1. Besuche den App Store oder Google Play.

2. Lade die kostenlose KOSMOS-PLUS-App auf dein Mobilgerät.

3. Öffne die App, schalte den Inhalt mit dem Code *zwitschern* frei
und lade die Inhalte für das Buch „Mein Vogelbuch" herunter.

4. Auf den Seiten mit dem Symbol 001 erhältst du weitere Informationen.
Gib dazu den dort genannten Zahlencode, zum Beispiel 001,
in die App ein und höre dir die Vogelstimme an.

Mehr Informationen findest du unter plus.kosmos.de

MIX
Papier aus verantwortungsvollen Quellen
FSC® C084279
FSC www.fsc.org

ISBN: 978-3-440-16965-0
Illustration: Jana Walczyk, Text: Svenja Ernsten, Redaktion: Ruth Prenting
Gestaltung und Satz: ancutici Kommunikationsdesign, Stuttgart
Produktion: Verena Schmynec
Druck und Bindung: Print Consult GmbH, München
Printed in Slovenia / Imprimé en Slovénie

Frühling

Sommer

Herbst

Winter

Mehlschwalbe

001

Rot-
kehlchen

002

Tirili - wenn du im Frühling morgens noch schläfst, dann sind die Vögel schon länger wach. Sobald die Sonne aufgeht, beginnen sie laut zu zwitschern, trillern und tschilpen. Egal, ob du auf dem Land oder in der Stadt lebst, überall gibt es eine Menge verschiedener Vogelarten. Und jede Art hat ihre Besonderheit.

003

Kohlmeise

004

Elster

Die Welt der Vögel

Spatz

Viele Vögel fühlen sich in unserer Nähe wohl und suchen in unseren Gärten nach Futter oder brüten in der Gartenhecke oder sogar in einem Balkonkasten. Welche Vögel erkennst du bereits? Vielleicht kennst du schon die Amsel, das Rotkehlchen oder die kleinen Meisen aus dem Garten oder Park. Mitten in der Stadt kannst du oft Spatzen oder Tauben beobachten. Wenn du mal Urlaub am Meer gemacht hast, kannst du wahrscheinlich auch von frechen Möwen erzählen.

Insgesamt leben bei uns über 240 verschiedene Vogelarten. Auch im Wald, auf Feldern oder am Wasser kannst du kleine und große, bunte oder einfarbige Vögel entdecken. Warum singen die Vögel im Frühling? Was machen sie im Sommer bei Hitze? Welche Vögel fliegen im Herbst in den Süden? Und frieren sie im Winter?

Komm mit

in die bunte Vogelwelt und begleite die Vögel durch die vier Jahreszeiten.

Lachmöwe

Wie sehen Vögel aus?

Schau dir doch einen Vogel mal genauer an. Sein Körper ist mit vielen Federn bedeckt. Sie schützen ihn wie eine Jacke vor Kälte, Wind und Nässe. Die meisten Vögel können fliegen, wenn sie ihre Flügel ausbreiten. Den Schwanz benutzen sie wie ein Steuer.

Typisch für Vögel ist der spitze Schnabel. Er ist wie ein Werkzeug für die Tiere. Er wird benutzt, um Körner aufzupicken, Insekten zu zerkleinern, Nahrung aus dem Wasser zu fischen oder ein Nest zu bauen.

Im Gegensatz zu anderen Tieren besitzen Vögel nur zwei Beine. Diese sind mit kleinen Schuppen bedeckt. Fast alle Vogelarten können auf ihren Beinen auch laufen oder hüpfen. An ihren Füßen kannst du meist vier spitze Krallen erkennen – drei zeigen nach vorn, eine nach hinten. So können sie sich gut auf Ästen festhalten. Einige Vögel können mit ihren Füßen auch klettern, schwimmen, kämpfen und ihre Beute fangen.

Stieglitz

Die Augen der meisten Vögel sind sehr scharf. Sie beobachten damit ihre Umgebung. Die Ohren siehst du nicht, sie sind unter dem Gefieder am Kopf versteckt.

Mit etwas Übung kannst du die vielen verschiedenen Vogelarten gut auseinanderhalten. Sie unterscheiden sich durch ihre Größe, die Farben ihres Gefieders und ihren Gesang. Zu den kleinsten Vögeln gehört der Zaunkönig. Einer der größten Vögel ist der Storch. Eine Gemeinsamkeit haben alle: Ihre Jungen schlüpfen aus Eiern.

Die Eier werden vom Vogelweibchen in ein Nest gelegt und dort ausgebrütet. Nester sind überall zu finden: in Hecken, Büschen, Bäumen, Baumstämmen und sogar in Balkonkästen. Wichtig ist, dass die Jungen gut vor Feinden geschützt sind. Nester sind der Geburtsort für Jungvögel, aber nicht die Wohnung der Vögel.

Zugvögel

Einige Vögel verbringen das ganze Jahr bei uns. Andere Vögel ziehen im Herbst in wärmere Länder, da sie im Winter bei uns nicht mehr genug Nahrung finden. Diese Vögel nennt man Zugvögel.

Manche Vögel, wie der Kiebitz, die Feldlerche und einige Stare fliegen nur nach Südfrankreich, Spanien oder Nordafrika. Daher bezeichnet man sie auch als Kurzstreckenzieher.
Andere Vögel überwintern in Südafrika. Diese Tiere werden als Langstreckenzieher bezeichnet. Dazu gehören der Weißstorch, die Mehlschwalbe und der Mauersegler. Die Tiere fliegen bis zu 10.000 Kilometer weit, um ans Ziel zu kommen, und sind mehrere Monate unterwegs.
Es gibt auch Vogelgruppen, die im Herbst zu uns kommen, um bei uns zu überwintern. Hierzu gehören zum Beispiel arktische Wildgänse aus Sibirien.

Woher wissen die Vögel, wie sie fliegen müssen?
Wissenschaftler haben herausgefunden, dass sie eine Art inneren Kompass besitzen und die Himmelsrichtungen bestimmen können. Außerdem helfen ihnen der Stand der Sonne und der Sterne dabei, ans Ziel zu kommen.

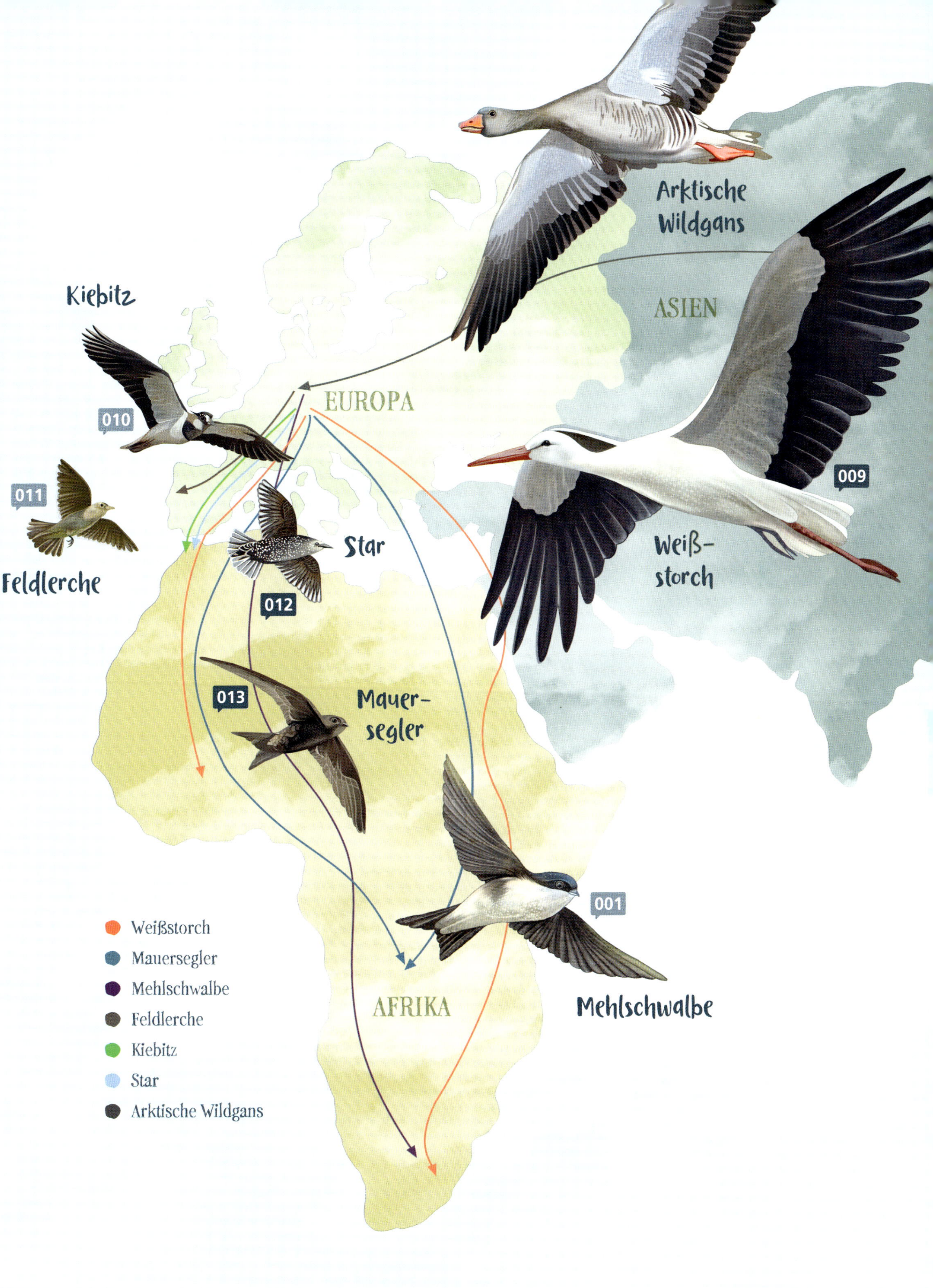

Arktische Wildgans
ASIEN
Kiebitz
010
EUROPA
009
011
Star
Weiß-storch
Feldlerche
012
013
Mauer-segler
001
Weißstorch
Mauersegler
Mehlschwalbe
Feldlerche
Kiebitz
Star
Arktische Wildgans
AFRIKA
Mehlschwalbe

Weißstorch
009
012
Stare

Frühling
Rückkehrer

Wenn nach dem Winter die ersten warmen Sonnenstrahlen auf die Erde treffen und die Blumen aus dem Boden sprießen, kannst du die Vögel wieder singen hören. Einige Vögel, zum Beispiel Amseln und Meisen, haben den Winter bei uns verbracht und zwitschern morgens schon. Nach und nach kehren auch die ersten Zugvögel zurück.

Im März treffen dann die Weißstörche wieder bei uns ein. Sie haben den Winter im weit entfernten Afrika verbracht. Oft fliegen die schwarz-weißen Vögel zu ihrem Nest, das man auch Horst nennt, vom Vorjahr und warten dort auf ihren Partner. Wenn dieser eintrifft, wird er mit lautem Schnabelklappern begrüßt.

Viele Stare kommen in kleinen Gruppen aus Südfrankreich, Spanien oder Nordafrika zurück und versammeln sich auf den Bäumen, die langsam die ersten Blätter bekommen. Ihr schwarzes Gefieder glänzt in der Frühlingssonne blau, grün oder lila.

Einer der frühesten Rückkehrer ist der Kiebitz. Du erkennst ihn an den abstehenden Federn auf dem Kopf. Sein Bauch ist weiß, die Federn schimmern in Regenbogenfarben. Mit seinen langen, dünnen Beinen läuft er über die Felder, um dort nach Nahrung zu suchen.

Das Rotkehlchen trillert eine Stunde vor Sonnenaufgang sein Lied: tick, tick, tick. Seine Stimme klingt hoch und scharf. Um ein Weibchen für sich zu gewinnen, füttert das Männchen es sogar mit Regenwürmern.

Titi-tititi-kschch-titi: Etwas mehr als eine Stunde vor Sonnenaufgang kannst du den Hausrotschwanz hören. Typisch für ihn sind die kurzen Töne und seine kratzige Stimme. Beim Singen zittert sein roter Schwanz.

Wer singt denn da?

Viele Vögel sind jetzt auf der Suche nach einem Partner. Das nennt man auch Balz. Dabei wird um die Wette gezwitschert und geturtelt. Die Vögel singen zu unterschiedlichen Zeiten und jede Vogelart hat ihren eigenen Gesang. Sobald der Partner gefunden ist, wird eifrig an einem Heim für den Nachwuchs gebaut.

Tschilp, tschilp, tschilp – wenn der kleine Haussperling – meist Spatz genannt – zwitschert, plustert er sich auf. Beim Singen reckt der braune Vogel seinen Kopf weit nach oben und zeigt seinen schwarzen Kehlfleck.

Die schwarz-weißen Elstern bauen ihre Nester gemeinsam hoch oben in einem Baum. Das Männchen bringt das Baumaterial. Das Weibchen steckt die Zweige so zusammen, dass ein großes, dichtes Gebilde mit Dach entsteht.

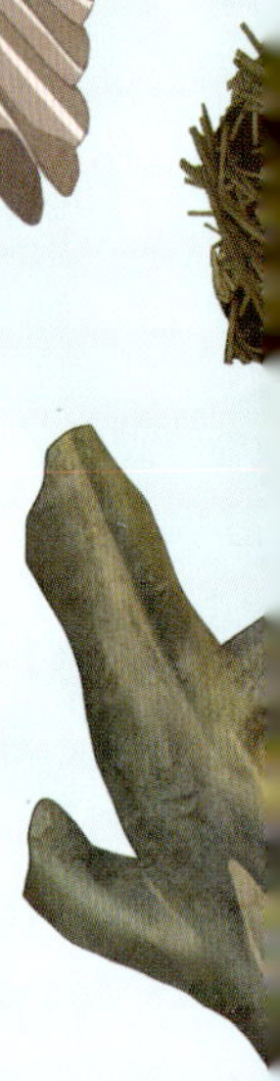

Was macht der graue, große Kuckuck am Nest des Hausrotschwanzes? Während der Hausrotschwanz nach Futter sucht, legt der Kuckuck schnell ein Ei in das Nest. Nun braucht er es nicht selbst auszubrüten.

Die Nachtigall hat ihren Namen bekommen, da sie schon in der Nacht trällert. Sie sammelt Zweige und Laub für ihr Nest, das sie in Büschen in der Nähe des Bodens baut.

Fleißige Nestbauer

Die Ringeltaube erkennst du an ihrem weißen Ring am Hals. Sie baut ihr Nest – gemeinsam mit dem Männchen – oft in einer Astgabel eines Baumes. Dort brütet das Weibchen 16-18 Tage seine Eier aus.

Das braune Amselweibchen brütet schon. Es verlässt das Nest nur kurz, um selbst etwas zu fressen. Dann bewacht das schwarze Amselmännchen die Eier, aus denen nach zwei Wochen der Nachwuchs schlüpft.

Blaumeise
Weibchen
Blaumeise
Männchen
019
Mönchsgras-
mücke
Männchen
020
Mönchsgras-
mücke
Weibchen

Sommer
Hungrige Vögel

Im Sommer sind die Vögel ständig auf Nahrungssuche. Denn viele Vögel brüten mehrmals im Jahr und sind bis in den Sommer damit beschäftigt, ihre Jungen großzuziehen. Die Kleinen müssen von Sonnenaufgang bis Sonnenuntergang gefüttert werden. Vor allem Insekten stehen jetzt auf dem Speiseplan.

Auch das Blaumeisenpärchen fliegt immer wieder hin und her, um seine zehn Jungen satt zu bekommen. Um das Nest sauber zu halten, transportieren die Vögel den Kot, der sich in einer Hülle befindet, direkt mit dem Schnabel ab. Die Blaumeise gehört zu den kleinsten Meisen. Du erkennst sie an dem blauen Kopf und dem gelben Bauch.

Unten in der Hecke ist ein lautes Fiepen zu hören. Die vier kleinen Jungen der Mönchsgrasmücke betteln mit weit aufgesperrten Schnäbeln um Futter. Schnell stopft die Mutter eine kleine Spinne in eines der hungrigen Mäuler. Das Männchen hilft bei der Fütterung. Das Gefieder der Vögel ist grau. Das Männchen hat eine schwarze Kappe, das Weibchen eine rotbraune.

Die braun gefleckten Singdrosseljungen haben ihr Nest schon verlassen. Neugierig hüpfen sie allein im Garten herum und erkunden die Umgebung. Trotzdem lassen sie sich noch füttern, am liebsten mit Regenwürmern. Nach 14 Tagen haben sie gelernt, ihr Futter selbst zu suchen.

Die schwarze Rabenkrähe nimmt lieber ein Bad. Kräftig schlägt sie mit ihren Flügeln, sodass das Wasser zu allen Seiten spritzt. Durch das Wasser kann sie sich abkühlen. Gleichzeitig wird ihr Gefieder sauber.

So eine Hitze!

Wenn es sehr warm im Sommer ist, halten sich auch viele Vögel lieber im Schatten auf oder suchen nach einer Abkühlung. Mit dem Ende des Sommers ist das Federkleid der Vögel ziemlich abgenutzt. Viele Vögel wechseln nun ihre Federn. Das nennt man auch Mauser. Während der Mauser singen sie nicht.

Der Zaunkönig genießt die warmen Sonnenstrahlen und nimmt ein Sonnenbad. Dazu breitet er seine Flügel weit aus. Auf der braunen Holzterrasse ist er mit seinem braunen Gefieder gut getarnt. Er gehört zu den kleinsten Singvögeln.

Der Buchfink sieht ganz zerrupft aus. Er ist mitten in der Mauser und versteckt sich im Gebüsch, da er gerade nicht gut fliegen kann. Das Männchen hat im Sommer ein braunrotes Kleid mit einem blauen Kopf. Man nennt es auch Prachtkleid. Im Winter ist sein Gefieder viel schlichter.

Die Farben des Eisvogels sind einzigartig. Sie leuchten in Blau und Orange. Der kleine, blitzschnelle Jäger verspeist seine Beute auf einem Ast.

Am Wasser

Der Graureiher gehört zu den größten Vögeln, die bei uns leben. Sein Rücken ist grau, der Bauch etwas heller. Mit seinem langen Schnabel fängt er Frösche und Fische.

Der Haubentaucher hat seinen Namen, da er eine Haube aus schwarzen Federn auf dem Kopf trägt. Sein Gefieder ist braun-weiß. Er taucht im Wasser nach kleinen Fischen.

Auf der Suche nach Nahrung watet die Bachstelze mit ihren langen Beinen am Uferrand entlang. Ihr Federkleid ist schwarz, grau und weiß.

Die Lachmöwe lebt auch an Seen und Flüssen. Im Sommer hat sie einen schwarzen Kopf. Schnabel und Beine sind rot.

Herbst

Aufbruch-stimmung

Langsam werden die Tage kühler und kürzer. Tiere wie Igel, Mäuse und auch viele Insekten suchen sich einen geschützten Platz, wo sie den Winter verbringen können. Jetzt wird es für die Zugvögel Zeit, in den warmen Süden aufzubrechen.

Sri-sri-sri.
Der Mauersegler zieht mit lauten Rufen seine letzten Kreise über den Feldern. Der Flugkünstler verbringt fast den ganzen Tag in der Luft und fängt sogar seine Beute im Flug. Sein brauner Körper ist sehr schlank. Von Nahem kannst du erkennen, dass er eine weiße Kehle hat. Er ist einer der ersten Vögel, die uns verlassen.

Die braune Feldlerche ist auf den jetzt braun gewordenen Stoppelfeldern gut getarnt. Zwischen den abgeernteten Halmen pickt sie nach Körnern, Regenwürmern oder Schnecken, um sich für den Aufbruch in den Süden Europas zu stärken.

Auf den Stromleitungen sammeln sich riesige Gruppen von Mehlschwalben, um gemeinsam in den Süden zu ziehen. Nächstes Jahr werden sie zu ihren alten Nestern zurückkehren, die sich oft unter Hausdächern befinden. Typisch für die Mehlschwalben ist der geteilte Schwanz. Ihre Unterseite ist so weiß, als hätten sie in Mehl gebadet.

An einem Baumstamm turnt kopfüber der kleine Kleiber herum. In die Spalten steckt er seine Vorräte für den Winter – Eicheln, Bucheckern oder Nüsse. Sein Rücken schimmert in der Herbstsonne blau, sein Bauch ist orangebraun.

Nahrungsvorrat

Die Bäume verteilen ihre Früchte: Überall auf dem Waldboden liegen Eicheln, Bucheckern und Nüsse. Auch die Zapfen der Nadelbäume sind nun mit reifen Samen gefüllt. Viele fliegende Waldbewohner ernähren sich jetzt von den leckeren Früchten und Samen. Einige Vögel legen sich sogar Vorräte für den Winter an.

Mit einer Eichel im Schnabel hüpft der hübsche Eichelhäher über den Boden, um nach einem guten Versteck zu suchen. Im Herbst vergräbt er bis zu 5.000 Eicheln. Er hat ein besseres Gedächtnis als das Eichhörnchen – fast alle Verstecke findet er im Winter wieder. Du erkennst ihn schon von Weitem an seinen blauen Seitenfedern.

Tock, tock, tock.
Immer wieder klopft der Specht mit seinem Schnabel auf den Zapfen, den er in eine Baumspalte gesteckt hat, um an die leckeren Samen zu kommen. Der Baumstamm ist für ihn wie eine Werkbank. Das schwarz-weiß-rote Gefieder des Buntspechts ist auffällig.

Wenn es Nacht wird

In der Dämmerung ist der Uhu mit seinem braun-schwarz gemusterten Gefieder auf dem Baum kaum zu erkennen. Im Herbst beginnt die Balzzeit der Eulenvögel. Das Männchen ruft „Buho“. Das Weibchen antwortet mit „Uhu“.

Hu-hu – Kuwitt: So klingt es, wenn Waldkauzmännchen und -weibchen sich in der Balzzeit unterhalten. Nach der Paarung legt das Weibchen 3-6 Eier in ein Baumloch und brütet sie dort aus. Das Männchen versorgt es mit Nahrung – vor allem mit Mäusen. Das Gefieder des Waldkauzes ist braun oder grau.

Oben auf einem Ast lauert der graue Habicht auf Beute. Sein Bauch hat viele dunkle Streifen. Mit seinen guten Augen erkennt er auch im Dunkeln kleinere Vögel und andere Säugetiere schon von weit oben.

Das Erkennungszeichen der Waldohreule sind ihre abstehenden Federn am Kopf. Mit ihren großen Flügeln kann sie fast lautlos fliegen. Bei der Nahrungssuche in der Nacht helfen ihr ihre ausgezeichneten Augen und Ohren.

Der braune Mäusebussard gehört zu den häufigsten Greifvögeln, die bei uns leben. Mit seinen scharfen Krallen macht er, vor allem nach Sonnenuntergang, Jagd auf Nagetiere, Insekten oder Frösche am Boden. Seine Leibspeise sind Mäuse.

Winter

Frieren Vögel?

Es ist kühl geworden. Die Vögel, die bei uns bleiben, kommen gut mit der Kälte zurecht. An besonders eisigen Tagen verkriechen sie sich im Gebüsch. Viele Vögel besitzen im Winter mehr Federn als im Sommer. Wenn sie diese aufplustern, wärmen sie wie eine dicke Daunenjacke.

Im Sommer leben Zaunkönige allein, im Winter liegen mehrere Vögel eng aneinandergekuschelt in dem kugelförmigen weichen Nest aus Moos und Gras. So verlieren die kleinen, braunen Vögel weniger Wärme.

Die Kohlmeise nutzt den Nistkasten als Winterquartier. Dort ist es trocken und warm. Durch das kleine Einflugloch ist sie beim Schlafen auch gut vor Feinden geschützt. Die Kohlmeise ist eine der größten Meisen. Sie hat einen schwarzen Kopf und einen zitronengelben Bauch.

Im Gebüsch sitzen drei kleine Spatzen. Mit ihrem aufgebauschten Gefieder erinnern sie an kleine Federbälle. Dicht an dicht hocken sie auf einem Ast. So können sie sich gegenseitig wärmen.

003
Kohlmeise
Spatzen
005

Im Park

An einigen Bäumen und Sträuchern hängen noch Beeren oder andere Früchte, von denen sich die Vögel nun ernähren. Viele Vögel fliegen im Winter seltener. So sparen sie Kräfte und müssen weniger fressen. Wasservögel ziehen zu Wasserstellen um, die nicht zugefroren sind.

Der Seidenschwanz knabbert im Winter vor allem an Äpfeln oder Beeren. Durch die abstehenden Federn am Kopf sieht der Vogel ganz schön frech aus. Die Flügel tragen ein buntes Muster und die Schwanzspitze ist gelb.

Der Turmfalke sitzt auf einem Baumstumpf und lauert auf Beute. Im Winter jagt er nicht mehr in der Luft. Sein Körper ist lang und schlank mit braunen Federn. Das Männchen erkennst du an dem grauen Kopf und den schwarzen Flecken auf dem Gefieder.

Die Stockenten watscheln um die offene Wasserstelle herum. Dort tauchen sie nach Wasserpflanzen und kleinen Wassertieren. Besonders die Entenmännchen kannst du an ihrem grünen Kopf und dem weißen Halsring sofort erkennen.

Am Futterhaus

Das winzige Wintergoldhähnchen erkennst du an dem gelben Streifen auf dem Kopf. Es kommt auch ab und zu zum Futterhaus, versteckt sich aber vor allem in Nadelbäumen, die es nach Insekten absucht.

Die Blaumeise hängt geschickt am Futterknödel und pickt mit ihrem kleinen Schnabel Samen heraus. Die kleine Meise ist gesellig und frisst am liebsten mit anderen Vögeln zusammen.

Unter dem Futterhäuschen picken mehrere zart-gelbe Vögel die Körner auf, die heruntergefallen sind. Es sind Goldammern. Sie sind im Winter oft in großen Gruppen unterwegs.

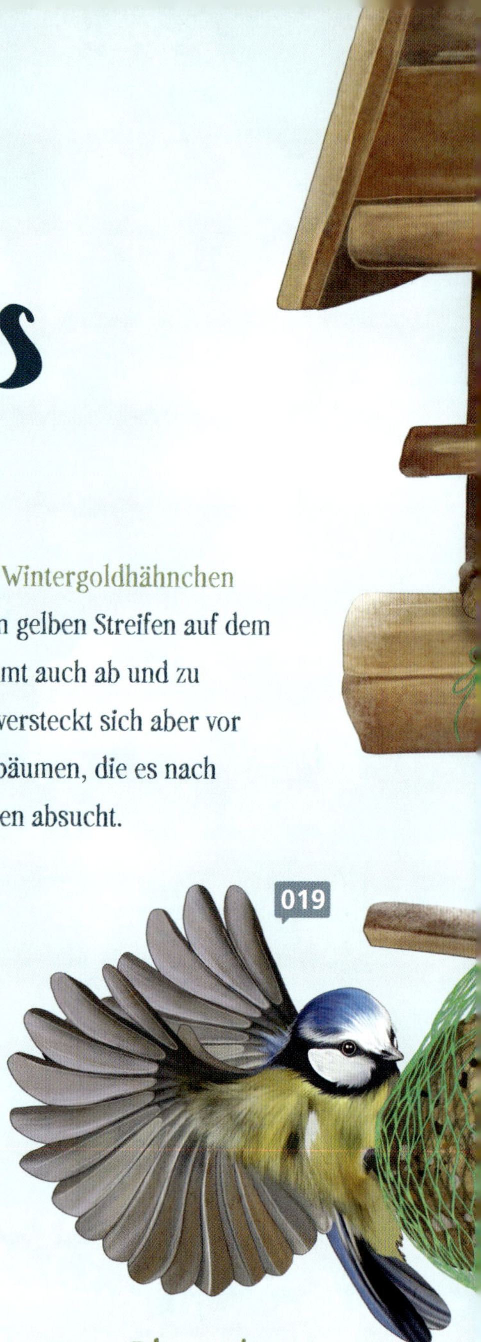

Blaumeise

Goldammern

Der Grünfink hat das Futterhaus gern für sich und versucht, die anderen Vögel mit lautem Rufen zu vertreiben. Der mutige Vogel, der auch Grünling genannt wird, hat seinen Namen wegen seines gelbgrünen Gefieders bekommen.

Wer turnt an der Meisenstange herum? Der farbige Buntspecht ist eigentlich ein Waldbewohner. Im Winter kommt er manchmal zum Futterhäuschen, um sich dort zu stärken. Mit seinen Kletterfüßen kann er sich gut festhalten.

Vögel beobachten

Vögel kannst du zu jeder Jahreszeit beobachten. Suche dir dazu einen ruhigen Platz auf dem Balkon, der Terrasse oder hinter einem Fenster. Bewege dich möglichst wenig, um die Vögel nicht zu erschrecken.

Spatzen

Im Frühling kannst du besonders in der Nähe von Hecken und Gebüschen Vögeln beim Nestbau zusehen. Wenn du einen Nistplatz findest, berühre die Eier und die Jungen nicht, sondern beobachte die Vogelfamilie nur aus der Ferne. Mit einer Vogeltränke lockst du Vögel im Sommer an. Dort können die Tiere ihren Durst löschen oder ihr Gefieder reinigen.

Amsel

Nicht nur im Winter benötigen Vögel manchmal deine Hilfe bei der Futtersuche. Auch im Sommer, wenn es heiß und trocken ist, finden sie oft nicht genug Nahrung und freuen sich über Futterstellen. Fast alle Vögel mögen Sonnenblumenkerne oder gehackte Nüsse. Amseln und Rotkehlchen fressen auch sehr gern Haferflocken, Obststückchen und Rosinen. Achte darauf, dass der Futterplatz trocken und sauber ist.

Mit einem Fernglas kannst du gut Vögel betrachten, die auf Dächern oder in der Luft unterwegs sind. Besonders im Herbst kannst du große Gruppen von Vögeln sehen, die sich vor ihrer Reise in den Süden versammeln.